LETTRES

DE J. RAIMOND,

A SES FRERES LES HOMMES DE COULEUR.

Et comparaison des originaux de sa correspondance, avec les extraits perfides qu'en ont fait MM. Page et Brulley, dans un libelle intitulé : Développement des causes, des troubles, et des désastres des Colonies françaises.

A PARIS,

De l'Imprimerie du Cercle Social, rue du Théâtre-Français, n°. 4.

(L'AN DEUXIÈME DE LA RÉPUBLIQUE FRANÇAISE.)

AVERTISSEMENT.

Détenu dans les prisons, je ne puis mettre toute la célérité que je désire, pour rendre ma correspondance publique. Indépendamment qu'elle jettera un grand jour sur les causes des troubles de Saint-Domingue, elle démontrera jusqu'à l'évidence, que j'ai été perfidement calomnié. Mes ennemis, les colons blancs, ne me pardonneront jamais d'avoir sacrifié ma fortune (1) et ma santé pour défendre les droits de mes frères, les hommes de couleur, et pour conserver à la République la colonie de Saint-Domingue. Ils ont profité des circonstances pour jetter sur moi les soupçons les plus odieux ; d'abord, mes ennemis ont commencé à me calomnier sourdement dans les cafés et dans les groupes, ensuite dans les sociétés populaires, où ma santé cruellement délabrée depuis 10 mois par le scorbut, me prive d'assister. Puis ils se sont enhardis et ont eu la perfidie, en *altérant*, *tronquant*, *transposant*, ET EN CHANGEANT MÊME PLUSIEURS MOTS DE DEUX DE MES LETTRES (2), de fabriquer un libelle

(1) Mes ennemis ont cherché à faire entendre que j'avois tiré beaucoup d'argent de Saint-Domingue. Voici ce qui en est de ma fortune, et ce que confirmera ma correspondance. J'avois une habitation qui me produisoit 50,000 à 60,000 livres argent des colonies, de revenu ; j'ai été contraint de la vendre ici, parce que, d'après une lettre de Blanchelande, les blancs de mon quartier vou'oient se la partager ou la dévaster. Je l'ai vendu 326,000 liv. tournois, et de cette somme il ne me reste plus que celle de 260,000 liv. dont 100,000 liv. sont placées à fonds perdus. Le reste a été consommé pour la révolution, et je défie toute personne de prouver que j'aie un sou de plus. Mes ennemis disent que j'habite un palais. Eh bien, j'ai un loyer d'une maison nationale, qui me revient à 1800 livres. Ils me reprochent de tenir une grande table ; je les défie de prouver que d'autres personnes que ma famille, mon chirurgien, et deux ou trois amis, qui ne sont pas de l'assemblée, aient mangé chez moi, encore ne les recevois-je qu'un jour de la semaine. D'ailleurs, je produirai mon livre de dépense à qui voudra.

(2) Les deux lettres dont je parle, sont celles qui suivent cet avertissement.

A 2

diffamatoire contre moi ; qu'ils ont fait imprimer et distribuer aux comités de marine et des colonies , sous le titre de *Développement des causes des troubles de Saint-Domingue.* Averti de ce fait , je m'empressai de me faire entendre de ces deux comités , qui , après avoir entendu ma justification , *en présence de mes adversaires* , ont été indignés de leur perfidie ; et plusieurs membres de ces comités m'ayant conseillé pour ma complette justification , de faire imprimer et distribuer à la Convention nationale ces lettres ; en indiquant les altérations que mes ennemis y ont faites , pour me faire paroître coupable.

Je m'empresse donc de les faire précéder toute ma correspondance et les pièces qui y sont jointes. Je supplie la Convention et tous les vrais républicains de suspendre leur jugement jusqu'après la lecture de toutes les pièces que j'annonce , ils y verront si j'ai écrit et agi en vrai républicain , et en ami de la liberté et de l'égalité.

Ma détention, l'ordre venu depuis deux jours, de ne pas laisser communiquer les détenus avec personne, ont mis un retard à la publication de ces lettres et à celle de la correspondance que j'annonce.

LETTRES

DE J. RAIMOND,

A SES FRERES LES HOMMES DE COULEUR.

Voici ma lettre du 4 mars 1791, sur laquelle Mrs. Page et Brulley ont fabriqué leurs calomnies contre moi. Je prie le lecteur de suivre avec attention les moyens perfides qu'ils ont employés dans l'usage qu'ils ont fait de cette lettre, et on aura une idée de la bonne foi de ces messieurs, qui ne cessent de répéter que les colons blancs, qu'ils représentent, sont de bonne foi pour vouloir la loi du 4 avril, et que ce sont les hommes de couleur, à l'avantage de qui elle est, qui cherchent à l'éluder.

"Il est essentiel pour moi de prévenir le lecteur, qu'à l'époque où cette lettre a été écrite, les hommes dont j'y parle, (et que les colons me font un crime d'avoir connu), jouissoient alors de la réputation d'être les plus purs patriotes.

Voici l'original de ma lettre.

MES CHERS FRERES,

Je vous avois annoncé par mes dernières dépêches, que vous auriez reçu, par une voie sûre, tout ce qui vous étoit important de savoir, relativement à mon affaire. Je vous tiens parole aujourd'hui : fasse le ciel, que vous teniez les vôtres de même, et que je trouve en vous des hommes aussi zélés que moi, et prêts à faire les sacrifices nécessaires pour votre salut, et que j'ai promis en votre nom, d'après l'ordre exprès que vous m'en aviez donné par plusieurs de vos lettres !

Manière dont MM. Page et Brulley ont tronqué, défiguré, altéré et changé les mots même de ma lettre. Les chiffres qui y sont mis sont faits pour désigner les endroits de ma lettre choisis et arrangés par ces Messieurs : il faut donc, à chaque chiffre qu'on trouvera, recourir au chiffre semblable mis dans ma lettre.

(S) *Vous m'aviez demandé de vous en-*
voyer quelqu'un de confiance; je l'ai trouvé cet
homme qui va NOUS *devenir si utile ; mais il a*
fallu l'intéresser, comme cela étoit juste, puis-
que, pour remplir NOS *vues, il quitte une épouse*
chérie, des onfans, une famille enfin ; ce
n'est pas tout, il a fallu qu'il fit une pacotille assez considérable, pour avoir une
certaine consistence dans ce pays ET POUR
AVOIR LE MOYEN DE PASSER SANS RISQUES
DES ÉCRITS IMPRIMÉS que nous lui avons
remis pour vous, écrits que j'ai numérotés,
afin que commençant par le premier
N°. , vous puissiez voir ce que nous
avons fait, et la marche que nous avons
tenue, depuis le moment que je me
suis adressé à l'assemblée nationale. Vous
trouverez, et on vous remettra six paquets semblables, contenant chacun trente
ouvrages différens que vous vous com-
muniquerez ; il y a deux paquets pour
chaque partie de l'isle.

Indépendamment de tous ces ouvrages, il en est encore d'autres qui n'ont
été que manuscrits, tel que le rapport qui
devoit être fait par le comité de vérifi-
cation de l'assemblée nationale, en notre faveur, et qui nous accordoit deux
députés à l'assemblée nationale ; mais
l'astuce des blancs, l'argent considérable
qu'ils ont répandu et les écrits innombra-
bles qu'ils ont jettés dans le public, ont em-
pêché ce rapport d'être fait. (2). *Mais enfin*
la cause commence à s'éclaircir par de nouveaux
efforts que MM. *Brissot, l'abbé Grégoire ,*
Pétion DE VILLE-NEUVE , députés à l'assem-
blée nationale viennent de faire , par les
nouveaux ouvrages que vous verrez et d'autres
encore qui vont le suivre; car ces patriotes
sont d'un zèle étonnant , et si quelque chose
peut mettre obstacle à leurs productions , c'est

que l'argent me manque POUR L'IMPRESSION DE TOUS LEURS OUVRAGES. *Cependant, comme j'ai senti que nous touchions au moment décisif, j'ai cru devoir tout pro- mettre*, persuadé que vous ne m'aban- donneriez pas, ainsi que votre cause qui ne peut se gagner qu'ici ; mais il faut vous montrer comme nous vous avons annoncé, et comme vous nous y avez autorisé par tou- tes vos lettres comme patriotes, voulant sa- crifier une partie de leur fortune à la chose publique.

Nous avons offert à différentes fois un don patriotique de six millions en votre nom ; jusqu'à ce jour, vous nous avez privé d'effectuer cette offre. Elle vous paroitra peut-être forte, mais observez que tous les françois ici ont été contraints de donner le quart de leurs revenus en don patriotique, et qu'il faut l'effectuer pour jouir des droits de citoyen actif. quel mérite ne vous ferez-vous pas d'en faire autant, avant les blancs et avant que l'assemblée nationale ne le décrète pour les colonies ? N'imaginez pas, que ce soit acheter la justice de l'assemblée, puisqu'ici tous les citoyens y ont été obligés ; que d'ailleurs, ce n'est qu'à des marques de désintéressement, qu'on mon- tre son patriotisme, en venant au secours de la nation.

Au reste (1), *qu'est pour nous le bien, si nous n'en pouvons jouir que couverts d'oppro- bres. Quel est celui d'entre nous qui ne donnât avec plaisir la moitié de son bien pour se sous- traire à* TOUTES LES *horreurs* DONT NOUS SOMMES ACCABLÉS ?

D'ailleurs (11) *dans l'état actuel des choses, êtes-vous assuré de vos biens ? Quelle protection avez - vous pour eux et pour vos vies*, qui sont à la merci du premier blanc qui voudra vous les ravir. 12 Ah !

(1) Qu'est pour nous le bien, écrivoit-il le 4 mars 1791, à ses frères à Saint-Do- mingue, si nous ne pouvons en jouir que couverts d'opprobres ? Quel est celui d'entre nous qui ne donnât avec plaisir la moitié de son bien pour se soustraire à tant d'horreurs ? 2 — Mais la cause com- mence à s'éclaircir, grace à MM. Brissot, Grégoire, et Pétion, et si quelque chose peut mettre obstacle à leurs productions, c'est que l'argent me manque (a) ; cepen- dant comme j'ai senti que nous touchions au moment décisif, j'ai cru devoir tout promettre (b).

(a) Ici MM. Page et Brulley ont supprimé les six mots : POUR L'IMPRESSION DE TOUS LEURS OUVRAGES.

(b) Ici MM. Page et Brulley ont trouvé à propos de supprimer ce qui suit, (on sent à quel dessein) pour sauter au milieu d'un péragraphe, y prendre quelques mots, pour les rendre avec perfidie.

mes chers concitoyens, je n'ai pas besoin d'animer votre zèle et VOTRE PATRIOTISME; *je* LES *connois assez pour espérer que la* DÉMARCHE *que je fais ne sera pas infructueuse; en vous procurant le moyen de ramasser des fonds suffisans, pour faire face* À TOUT ICI; *et je vous observe que vous êtes les seuls français encore qui n'ayez pas fait des sacrifices à la nation. Hâtez-vous donc de faire ce que vous auriez dû faire, il y a long-temps, et ce qui vous eût évité bien des malheurs, et vous eût fait obtenir déja ce que vous demandez; car ne vous y méprenez pas, c'est parce que les* (13) *blancs n'ont cessé de vous présenter ici comme des êtres avilis, sans possession, prêts à vous soulever avec les esclaves contr'eux; et qu'ils l'ont fait par tant et tant d'imprimés, que beaucoup de personnes qui ne connoissent pas les colonies, les ont crus avec d'autant plus de raison, que, bornés ici dans nos facultés* (3), *nous n'avons pu avoir autant d'argent que les blancs à qui leurs compatriotes n'en laissoient pas manquer pour faire répandre autant d'imprimés qu'ils ont fait* (4). DE PLUS ILS FIGUROIENT ICI COMME *les représentans d'une classe fort riche; et nous, humbles sans faste,* PLUSIEURS *obligés de fuir la capitale, faute de moyens, tout cela ne faisoit qu'augmenter leur orgueil; et leur faisoit dire:* —— " *Voilà des* " *gens qui se disent représentans d'une* " *classe qui a des biens dans les colonies;* " ET QUI OFFRENT DES MILLIONS (a), *et ils* " *meurent de faim. Je vous l'avoue, mes*

(3) Nous n'avons pu avoir autant d'argent que les blancs, (4) qui figurent ici, comme des reprsentans d'une classe fort riche, et nous, humbles sans faste, étions souvent obligés de fuir la capitale, faute de moyens. Tout cela ne faisoit qu'augmenter leur orgueil, et leur faire dire — Voilà pourtant des gens qui se disent representans d'une classe qui a des biens dans les colonies, et dont les représentans meurent de faim (5) ! Dans le fait il est inconçevable, comment vous avez pu laisser ceux qui *travaillent* (b) pour vous, sans secours d'aucune espèce.

(a) Ces mots sont supprimés par MM. Page et Brulley à dessein.

(a) Ici plusieurs mots sont changés, parce qu'il falloit que MM. Page et Brulley s'arrangeassent pour faire trouver dans ma lettre ce qui n'y étoit pas.

(b) Dans l'original, il y a, travailloient.

chers compatriotes ; tout cela a produit le plus mauvais effet. Et (5) dans le fait , il est inconcevable comment vous avez pu laisser ceux qui travaillent pour vous , sans secours d'aucune espèce.

Vous devez pourtant vous faire une idée des dépenses que nous avons été obligés de faire ; on ne fait rien en France avec rien , et je sais par une triste expérience , que ma fortune se sent considérablement de toutes les dépenses où cette affaire m'a entraîné ; je ne regrette rien , puisque c'est pour le bonheur de mes compatriotes , mais au moins qu'ils achèvent ce que nous avons si heureusement commencé ; QU'ILS VIENNENT ENFIN AU SECOURS DE LEURS FRÈRES ÉPUISÉS ET DE LA NATION , AFIN QU'ELLE LES RECONNOISSE POUR SES DIGNES ENFANS.

Pour parvenir à ce double but (9) , je vous adresse M. Mahon , qui vous remettra mes dépêches et les imprimés que je vous ai annoncés. Primo , ce M. à une pacotille , dont il faut que vous lui aidiez à se défaire , en achetant de lui tout ce qu'il vous faudra ; assurément si vous vous entendez tous , vous pourrez la prendre entre vous tous ; vous lui devez à plus d'un titre *la préférence* (a) , ainsi

---

(a) MM. Page et Brulley dans leur développement des causes des troubles de Saint-Domingue , ont voulu induire que cette pacotille du citoyen Mahon étoit composée de dix mille fusils pour armer les hommes de couleur et les esclaves.

Indépendamment, que la manière dont je m'exprime ici , prouve qu'assurément il n'y avoit pas de fusils dans cette pacotille ;

Vous devez pourtant vous faire une idée des dépenses que nous avons été obligés de faire ; on ne fait rien en France avec rien , et je sais par une triste expérience , que ma fortune se sent considérablement de toutes les dépenses , où cette affaire m'a entraîné ; je ne regrette rien , puisque c'est pour le bonheur de mes compatriotes (a) (6). MM. Brissot , Grégoire , Pétion de Ville-neuve et Clavière sont les seuls , (b) qui ont continué à défendre notre cause avec un zèle incompréhensible : ma foible plume n'est occupée qu'à leur fournir des notes et des idées (c) : à ce titre , vous sentirez ce que vous leur devez (7). *Par mon dernier plan , je vous proposois une contribution en trois parties (d) , un tiers comptant , le second à six mois , le troisieme payable un an après le premier ;* la souscription totale s'élève à 7 , 398 , 000 livres , dont le tiers est

---

(a) Ici , c'est avec la plus insigne mauvaise foi , que ce qui suit dans ma lettre a été supprimé : pour passer bien plus loin ; cherchez le chiffre 6.

(b) Ici quatre mots de sautés.

(c) Ici , autre lacune , pour sauter à la fin de ma lettre , pour parler des six millions et faire entendre par cette astuce , que je les demandois pour les personnes qui viennent d'être nommées , tandis que tout annonce , que c'est du don patriotique dont je parle.

(d) Dans l'original , il y a : — par mon dernier plan , je vous propose de diviser la contribution en trois parties , ce qui est bien différent.

B

que l'hospitalité, de manière à ce qu'il ne fasse point de dépense dans ce pays, en lui fournissant ce qui lui sert nécessaire, afin qu'il ait son bénéfice clair sur la pacotille, et ensuite une commission sur les sommes que vous ferez passer ici POUR VOTRE DON-PATRIOTIQUE, subvenir aux frais d'impressions et récompenser les écrivains qui se sont montrés les plus zélés défenseurs de notre cause.

M. Mahon aura de moi des instructions particulières pour la marche qu'il aura à tenir, tant pour l'objet de la pacotille, que pour nos affaires ; je vais seulement ici tracer le plan de contri-

a, 466, ooo liv. que vous pourrez envoyer remettre au gouverneur (Blanchelande) : (a) mais je vous observe, que sur cette totalité, vous devez trouver de quoi témoigner votre reconnoissance à vos défenseurs ici, qu'il ne faut pas oublier.

(8) Vous m'avez demandé, leur écrit-il, de vous envoyer quelqu'un de confiance : j'ai trouvé cet homme de confiance qui va *vous* (b) devenir si utile ; mais il a fallu l'intéresser, comme cela étoit juste : puisque pour remplir *mes* (c) vues, il quitte une épouse chérie. (Le citoyen Raimond connoît le prix de l'or.) (d)

---

mais encore comment concevoir qu'un volume, je ne dis pas de dix mille fusils, mais seulement de mille, auroit pu être débarqué dans une ville des colonies, sans que les blancs s'en fussent apperçus et ne les eussent saisis, eux qui dominoient dans les villes et qui ne laissoient pas échapper seulement une lettre ? comment le capitaine du navire, dans lequel étoit passé Mahon, ni personne de l'équipage ne se seroient-ils apperçus de tous ces fusils, tant en les embarquant en France, qu'en les débarquant dans les colonies ? comment ensuite faire passer tant de fusils aux hommes de couleur, sans que personne ne les ait vus ? Au reste, la maison Mahon est ici et la pacotille y a été formée : il est facile de vérifier les factures ; de plus, Mahon est mort aux Cayes ; ses exécuteurs testamentaires sont des blancs, ils ont dû voir dans ces papiers, s'il avoit porté des fusils, et ils en auroient parlé à sa veuve en lui écrivant.

(a) Le nom de Blanchelande n'est point dans ma lettre, et pour prouver au lecteur toute la perfidie de MM. Page et Brulley, je le prie de lire tout de suite l'endroit d'où ce paragraphe est tiré : il est marqué au chiffre 7.

(b) Il y a nous dans l'original, et cela présente toute autre chose.

(c) Il y a nos vues, ce qui est bien différent.

(d) Ah ! MM. Page et Brulley, si tous les colons blancs n'eussent pas plus aimé l'or que moi, la nation n'eût pas été obligée de sacrifier tant de millions, qu'ils ont su lui arracher de mille manières différentes. Qui a-t-on vu fatiguer l'assemblée nationale et ses comités pour avoir de l'argent ? Sont-ce les hommes de couleur ? jamais ils n'ont rien demandé, au contraire, ils sont toujours venus offrir ; et lorsque la nation a décrété un secours pour les enfans des colons, les enfans de couleur qui étoient en France, ont-ils reçu au sol ? Comparez la conduite des hom-

bution à établir entre toute la classe des hommes de couleur dans laquelle je comprends, comme il est juste, les nègres libres.

La classe des citoyens de couleur s'élève à trente mille individus à Saint-Domingue; je n'en porte, je suppose, que la moitié en état de fournir une contribution quelconque et je fais ainsi la distribution.

3000 personnes peuvent donner au moins dans une occasion comme celle-ci 1500 l. chacune, ce qui fait 4,500,000. liv. je suppose, dans cette première classe tous ceux qui ont depuis vingt nègres jusqu'à cent .... 4,500,000. liv.
3,000 à 600 liv. chacune, 1,800,000.
3,000 à 200 .... 600,000.
3,000 à 100 .... 300,000.
3,000 à 66 .... 198,000.

Total .... 7,398,000.

Remarquez qu'il ne s'agira que de payer chacun sa cote-part dans le courant d'une année; mais il faut la moitié comptant et le reste en son obligation payable dans le courant de l'année, s'il vous est plus commode de diviser en trois paiemens; faites-le un tiers comptant, et les deux autres tiers à époques égales. Que je vous fasse ici une simple observation, et la voici. SI IL Y A 18 MOIS QUE JE VOUS ÉCRIVOIS POUR AVOIR DES SOMMES A OFFRIR A LA NATION, vous eussiez fait un effort, et que vous les eussiez effectuées, vous eussiez obtenu ce que vous demandez, vous auriez eu des députés à l'assemblée nationale; car comme vous le verrez, le rapport du comité étoit pour nous en donner deux, et assurément vous n'eus-

(9) *Je vous l'adresse. Cet homme est* M. Mahon, qui vous remettra mes dépêches et *mes* imprimés que je vous ai annoncés, 1°. Ce Monsieur a une pacotille dont il faut que vous lui aidiez à se défaire, en achetant de lui tout ce qu'il vous faudra. Assurément si vous vous entendez tous, vous pourrez la prendre entre vous tous. Vous lui devez à plus d'un titre la préférence, ainsi que l'hospitalité, de manière qu'il ne fasse point de dépense dans le pays, en lui fournissant tout ce qui lui sera nécessaire, afin qu'il ait son bénéfice clair sur sa pacotille, et ensuite une commission, sur les sommes que vous ferez passer ici, 1°. (a) Pour subvenir aux frais d'im-

mes de couleur à celle des colons blancs; les premiers veulent faire des sacrifices énormes, pour se procurer les moyens d'offrir à la nation une somme considérable, et se donnent les plus grands tourmens pour y réussir; les colons blancs, au contraire, se remuent de toutes les façons pour arracher à la nation des sommes immenses. Si on se rappelle qu'au commencement de la révolution, en octobre 1789, les hommes de couleur paroissant la première fois à l'assemblée nationale pour réclamer leurs droits, firent alors au nom de leurs frères, l'offre patriotique de ces six millions; que les colons blancs, au contraire, loin de venir au secours de la nation pendant leur plus grande opulence, ne cessoient de réclamer des secours de la France, alors qu'ils n'avoient encore rien souffert : on pourra juger de leur patriotisme.

(a) MM. Page et Brulley ont supprimé ces quatre mots : *pour votre don patriotique.* Pour pouvoir me calomnier, ensuite, en disant plus bas : *que j'ai fait sur les mulâtres une spéculation mercantille.*

riez pas éprouvé tout ce que vous avez éprouvé de pertes et de désagrémens, et ce n'eût pas été trop payer la sûreté de vos vies et de vos biens, ainsi que de votre liberté, en faisant un aussi léger sacrifice, que celui que je vous propose. Que cela vous serve donc d'exemple.

La dernière lettre de M. Brissot à M. Barnave, a valu le dernier décret de l'Assemblée Nationale ; qu'il sera envoyé des commissaires dans les colonies, avec 6,000 hommes de troupes et des vaisseaux; les premiers pour prendre connoissance de tout et en faire leur rapport à l'Assemblée Nationale, et les autres pour maintenir l'ordre et la paix. L'Assemblée Nationale a décrété en outre que les colonies n'étant pas assez éclairées pour faire (comme elles l'avoient prétendu) leur constitution et leurs loix intérieures, l'Assemblée nationale alloit, pour les aider, décréter des instructions, qu'elles suivroient, et qu'après l'Assemblée Nationale décideroit en dernier ressort. Voilà donc votre sort en bonnes mains, puisqu'il est entre celles de l'Assemblée Nationale, CE N'EST DONC QU'ICI, QUE VOUS POUVEZ OBTENIR JUSTICE, ET ON EST DISPOSÉ A VOUS LA RENDRE ; mais mes chers compatriotes, ne vous endormez plus sur mes avis, croyez-moi, je suis sur les lieux et vois ce qu'il y a à faire ; *et si vous ne vous en rapportez pas à moi qui soutiens tout aujourd'hui, envoyez-moi quelques collègues adjoints ; et ils agiront avec moi.*

Depuis le décret du 8 mars, et les instructions du 28 du même mois, M. de Joly a abandonné notre cause et n'a plus rien fait pour elle (6). MM. Brissot, l'abbé Grégoire, Pétion de Villeneuve, et Cla-

pressions et récompenser les écrivains qui se sont montrés pour notre cause les plus zélés défenseurs.

M. Mahon aura de moi des *instructions particulières*, (a) sur la marche qu'il aura à tenir, tant pour l'objet de sa pacotille, que pour nos affaires ; je vais seulement tracer le plan de contribution à établir entre toute la classe des hommes de couleur dans laquelle je comprends, comme il est juste, les nègres libres.

La classe des citoyens de couleur, s'élève à trente mille individus. Je n'en suppose que la moitié en état de fournir à (*b*) une contribution quelconque, et je fais ainsi la distribution.

Trois mille personnes à 1500 l.	4,500,000.
Trois mille personnes à 600 l.	1,800,000.
Trois mille personnes à 200	600,000.
Trois mille personnes à 100	300,000.
Trois mille personnes à 66	190,000.
Total	7,398,000.

(*a*) MM. Page et Brulley ont cherché à donner des soupçons sur ces *instructions particulières* : eh bien ! elles ont été trouvées, ces instructions, par des blancs, exécuteurs testamentaires de Mahon mort aux Cayes du fonds. Elles portoient la manière et le prix qu'il devoit vendre ses marchandises et la manière de faire les recouvremens des sommes qu'elles auroient produites. Il étoit bien naturel de donner ces instructions à celui qui n'avoit jamais été dans les colonies, il est également naturel que j'aye donné dans ces instructions particulières —— le nom des personnes de couleur à qui il devoit s'adresser dans la partie du Sud, où il alloit, pour y faire faire la souscription, etc.

(*b*) A est là de trop, il n'est pas dans l'original.

vière sont les seuls, comme vous le verrez
par les imprimés que je vous envoie, qui
ont continué à défendre notre cause avec
un zèle incompréhensible ; ma foible
plume n'est occupée qu'à leur fournir des
notes et des idées , et vous le verrez par
la citation du digne Labadie. Vous devez
regarder ces hommes rares en vertus et en
talens (car rien n'est plus fort de choses,
que les lettres de M. Brissot et l'abbé
Grégoire) comme vos plus chauds défenseurs, et à ce titre vous sentirez ce que
vous leur devez. Ce n'est assurément pas
l'intérêt qui les guide , car ils ne m'ont jamais rien fait pressentir à ce sujet , mais
vous devez sentir ce qu'ils méritent. Les
quatre ouvrages qui ont le plus fait d'effet à
notre cause , sont *la lettre* de M. Brissot,
celle de l'abbé Grégoire aux philantropes,
le discours de M. Petion , et les dernières
réflexions de M. Brissot sur le décret du
12 octobre dernier. Voyez de quelle force
sont ces écrits , et vous verrez quels défenseurs vous avez.

*Ici je dois vous répéter ce que toutes mes
lettres contenoient. Toujours la tranquillité ;
point d'insurrections , votre cause est trop
bonne pour la soutenir par des voies de fait,
qui ne font qu'aigrir les partis. Disputez de
vertus avec les blancs : surpassez-les en patriotisme et dans les vertus morales. Persuadez-
vous qu'il n'y a aujourd'hui de distinctions
que celles de l'homme vertueux et de l'homme
vicié ; écrivez donc à tous nos chers frères
de continuer à bien se comporter et pratiquer
toutes les vertus , ne cessez de leur écrire et
multipliez vos lettres à tous , exhortez-vous
les uns et les autres , et faites en un mot que
les commissaires qui vont aller dans les colonies , trouvent notre classe malheureuse telle*

que je l'ai peinte. Imaginez l'effet que fera leur rapport à l'assemblée nationale, lorsqu'ils lui apprendront qu'ils vous ont trouvés accablés de vexations, d'humiliations, et toujours bons citoyens, aimant votre patrie et pratiquant les vertus. Ah! mes chers compatriotes, que ne puis-je faire passer dans vos ames les délices que goûte déjà la mienne d'avance, du compte que les commissaires rendront de notre classe? Faites que je ne sois pas trompé dans mon attente (a). Vous êtes noircis ici par les blancs, qui disent que *vos mœurs et vos lumieres n'offrent rien d'égal à l'univers connu, et que vos moindres vices, c'est d'être nés du concubinage le plus dissolu.* Cette affreuse diatribe se trouve dans un écrit des membres de l'assemblée de Saint-Marc, (b) ouvrage qu'elle a donné il y a deux jours.

J'y ai répondu; et mon ouvrage va s'imprimer à 3000 exemplaires, si je puis trouver de l'argent pour le faire imprimer. Je réponds, que pour vos lumières, si en général elles ne sont pas plus étendues, c'est aux blancs à qui il en faut faire le

----

(a) Telle est la morale que j'ai constamment prêchée dans toutes mes lettres, et cependant, MM. Page et Brulley m'accusent d'avoir porté les hommes de couleur à la révolte, de leur avoir fourni des armes, en un mot, d'être l'instigateur de tous les troubles de cette colonie. Si les colons blancs eussent fait seulement la millième partie de ce que j'ai fait et écrit pour maintenir la paix dans les colonies, jamais elle n'y eût été troublée, et nous ne gémirions pas aujourd'hui de ses désastres.

(b) C'est l'archevêque Thibaut.

(11) Dans l'état actuel des choses, êtes-vous assurés de vos biens? (12) (a). Je n'ai pas besoin d'animer votre zèle, (b) je le connois assez pour espérer que la *demande* (c) que je fais ne sera pas infructueuse, en vous procurant des moyens de ramasser des fonds pour faire face ici (d). (13) Les colons blancs n'ont cessé de vous présenter ici comme des êtres avilis et sans possessions, toujours prêts à vous soule-

----

(a) Ils ont supprimé ici la suite.

(b) Ils ont supprimé le mot patriotisme qui suit le mot zèle.

(c) Il y a démarche, au lieu de demande, ce qui change tout.

(d) Il y a dans l'original, pour *faire face à tout* ici, ce qui comprend le don patriotique et autres dépenses mentionnées dans ma lettre.

reproche , puisqu'ils vous ont été tous moyens de vous instruire, en faisant défense d'envoyer en France vos enfans (*a*) : pour le vice de la naissance qu'ils nous reprochent; je dis que c'est encore à eux à en subir la peine, s'il devoit y en avoir; car, dis-je, quel est le plus coupable, ou de celui qui vit en concubinage, ou de l'innocent à qui il donne la vie ? Quant aux mœurs, dis-je, nous naissons sans vices; et si nous en avons, ce ne peut être que des blancs de qui nous les tenons (14); MAIS, MES CHERS COMPATRIOTES, VOUS VOUS DÉFENDREZ BIEN MIEUX PAR VOS ACTIONS, QUE PAR MA FOIBLE PLUME. Nous né sommes pas maîtres de notre naissance, donc on ne peut nous la reprocher ; et l'esprit philosophique qui règne en France ne fait plus de crime à celui qui n'est pas né de telle manière. Nos lumières, hélas ! elles ne dépendent que de l'éducation qu'on donne aux individus; ainsi cela est encore hors de notre pouvoir, jusqu'à un certain point. Mais nos mœurs, nos vertus dépendent de nous : on peut et on doit être honnête homme, bon père, bon ami, bon frère, bon patriote, humain ; enfin, réunir toutes les vertus. Toutes ces qualités vous pouvez vous les donner, mes chers compatriotes; et j'espère que, puisque c'est là le seul côté par lequel on peut vous attaquer, vous vous rendrez invulnérables

ver contr'eux avec les esclaves (14). Mais, mes chers compatriotes, vous vous *défendriez* (*a*) bien mieux par vos actions, que par ma foible plume.

Au reste (écrivoit-il aux mulâtres de Saint-Domingue le 4 mars 1791, en leur demandant une contribution de 7,398,000 l. et le paiement de 25,000 liv. de lettres de change qu'il avoit tirées sur cinq d'entr'eux pour frais d'impressions,) si j'étois assez malheureux pour n'avoir pas votre confiance dans l'emploi de ces fonds, je vous supplie de vouloir m'adjoindre quelqu'un. Il est nécessaire que pour une affaire aussi majeure, il y ait ici plusieurs des nôtres, personnes de couleur de confiance. Mais je vous préviens qu'il sera on ne peut pas plus nécessaire qu'ils paroissent ici d'une certaine manière, qu'ils aient au moins une voiture. Il faut qu'ils puissent, sans afficher le luxe de la table, donner à dîner à bien des personnes, soit de celles qui pourront écrire, soit à celles dont l'opinion peut influer sur le général. Je ne saurois trop vous le répéter. Tout cela est nécessaire, et je vous avoue que sans toutes ces choses de ma part, je n'aurois pas trouvé des soutiens et des appuis à notre cause. Fin de tout ce qu'ont dit de ma lettre, MM. Page et Brulley.

(*a*). Telles étoient les loix dures qui régissoient les hommes de couleur, et les colons blancs veulent faire croire que ce sont ces mêmes hommes de couleur qui ne veulent pas de la révolution. A qui pourront-ils le persuader ?

(*a*) Il y a dans l'original *défendrez* au lieu de *défendriez*, ce qui présente un sens différent.

(*b*) Ce paragraphe est ce qu'il y a de plus atroce; remarquez avec quelle perfidie, avec quels soins, quelles peines MM. Page et Brulley ont été prendre dans différens endroits pour composer cette diatribe.

(*c*) Il y a pour faire toutes les courses.

de ce côté, et hors de tout reproche. Dans une de mes précédentes, très-détaillée, je vous faisois observer qu'il y avoit toute apparence que la présente législature de France ne jugeroit pas notre affaire, mais que la prochaine le feroit. J'en suis plus que convaincu, d'après le dernier décret qui envoye des commissaires dans les Colonies. Vous jugerez, qu'avant leur mission remplie et leur retour, il s'écoulera près de huit mois. Il faut donc à cette époque que nous soyons prêts ici ; et vous n'avez pas de tems à perdre pour les députés que vous aurez à envoyer, ou à nommer légalement ; pour faire passer des fonds, pour suivre avec plus de fruit que nous n'avons jamais fait, notre affaire ; pour pouvoir faire faire beaucoup d'ouvrages, et les faire distribuer avec profusion. Ce n'est que par ce moyen que l'on parvient à éclairer les esprits et former l'opinion publique, si essentielle à fixer pour notre cause que nos ennemis ont confondue avec celle des esclaves. J'ai tiré sur plusieurs de vous pour une somme de vingt-cinq mille livres tournois pour tous les frais seulement qui ont été faits jusqu'à ce jour, et pour lesquels je me suis rendu caution. J'espère que vous ne serez pas assez injustes pour me faire supporter ces frais, et les ajouter encore à tous ceux que j'ai été obligé de faire en mon particulier depuis sept ans, tant pour mes voyages, changemens de domicile, ventes de meubles, rachat d'autres et tout ce qui s'ensuit. J'ai donc tiré, pour être réparti dans toute la Colonie, 5000 liv. tournois sur Louis Boisrond, autant sur Labadie, autant sur Bourri aux Cayes.

Pour répondre à toutes les calomnies de MM. Page et Brulley, je fais imprimer toute ma correspondance avec les réponses de mes commettans et les pièces qu'ils m'ont envoyées. Avant tout, je demanderai à ces messieurs, qu'ils disent quelle mission ils ont eue de l'assemblée coloniale, et qu'ils mettent comme moi toute leur correspondance au grand jour.

Pour moi, j'offre de prouver par cette même correspondance, 1°. que dans tous mes écrits, privés et publics, loin d'avoir provoqué les citoyens de couleur à prendre les armes contre les colons blancs, comme m'en ont accusé les citoyens Page et Brulley ; je n'ai cessé au contraire de les exhorter à la paix, à la patience et à l'obéissance aux décrets nationaux. Qu'en effet, les hommes de couleur ont tout souffert, et ont toujours su contenir leur ressentiment, pour ne pas entraîner la Colonie à sa perte.

2°. Que les premiers germes des troubles de Saint-Domingue y ont été portés par une lettre des colons députés à l'assemblée constituante ; lettre écrite de Versailles en août 1789 ; que les premiers troubles n'ont commencé que par les différends qui se sont élevés entre les blancs eux-mêmes, et par leur peu de politique et de précautions à l'égard de leurs esclaves ; qu'à cette époque, les citoyens de couleur demandoient avec soumission aux différentes assemblées des paroisses de participer à la régénération des Français ; qu'ils furent indignement traités pour y avoir prétendu.

3°. Que les colons blancs, et les dif-
sur

sur Benoit midi aux Cayes de Jacmel, autant enfin sur les sieres Larivoire à Baynet. J'espère que vous vous arrangerez de manière à ce que ces lettres de change soient acquittées ; car si elles ne l'étoient pas, *je vous l'avoue avec regret, ce seroit perpétuer l'idée que les blancs ont voulu donner ici de notre classe* ; et vous ne trouveriez plus ni défenseurs, ni solliciteurs. Je me suis appuyé pour tirer ces traites, de votre dernière, qui me dit que vous allez vous assembler pour me faire l'envoi d'une somme pour suivre notre affaire. Au reste, si j'étois assez malheureux pour n'avoir pas votre confiance dans l'emploi de ces fonds, je vous supplie de nouveau de vouloir m'adjoindre quelqu'un ; je vous le demande même en grace ; et vous ne pouvez vous en dispenser. (a) Il est nécessaire que pour une affaire aussi majeure il y ait ici plusieurs des nôtres, personnes de confiance. Ainsi, ne négligez pas cet avis ; mais je vous préviens qu'il sera on ne peut pas plus nécessaire qu'ils paroissent ici d'une certaine manière ; et qu'ils ayent au moins une voiture ; *car à toutes les courses qu'on a à faire, on ne sauroit y tenir.* Indépendamment de cela, il faut qu'ils puissent, sans afficher le luxe de la table, pouvoir donner à dîner à bien des personnes, soit de celles qui pourront écrire, soit à celles dont l'opinion peut influer sur le général. Je ne saurois trop

____

(a) Est-ce là le langage d'un homme qui connoît le prix de l'or, et qui veut faire sa bourse, ainsi que le voulent faire entendre MM. Page et Brulley ?

férentes assemblées coloniales, depuis la révolution, n'ont cessé de vexer et tyranniser les citoyens de couleur ; que ces mêmes assemblées coloniales se sont toujours opposées, par les moyens les plus violens, à l'exécution des décrets nationaux qui accordoient aux citoyens de couleur la jouissance des droits que la nature d'accord avec les loix, leur donnoit ; que les députations des parties du nord et de l'ouest à l'assemblée coloniale, vouloient lui faire prendre un arrêté pour faire égorger tous les citoyens de couleur ; que cette motion violemment appuyée par ces deux députations, n'a été adoucie que par les craintes qu'a fait naître la députation du sud ; de pousser ces hommes à bout, étant en bien plus grand nombre dans cette partie, que les blancs.

4°. Que les premiers assassinats commis à Saint-Domingue, l'ont été par les blancs sur leurs semblables, et ensuite sur les hommes de couleur ; que le général Blanchelande, d'accord avec l'assemblée coloniale du Cap, faisoit sans cesse les proclamations les plus incendiaires et les plus virulentes contre les citoyens de couleur ; que Blanchelande et cette même assemblée coloniale se sont opposés à la loi du 15 mai ; qu'ils ont osé faire des menaces de sacrifier la colonie plutôt que de s'y soumettre.

5°. Que ce n'est que la mauvaise foi, l'orgueil et les vues criminelles d'indépendance des Colons blancs, endettés, ruinés et contre-révolutionnaires ; leur refus d'obéir aux décrets nationaux, en méconnoissant l'autorité nationale exprimée par l'organe des représentans du peuple ; en se permettant enfin de vouloir inter-

C

vous le répéter : tout cela est nécessaire.

J'ai remis à l'un des commissaires pour les colonies, des notes qui serviront à notre cause, pour laquelle il est favorablement prévenu ; car, comme moi, en 1785 et 1786 il adressoit des mémoires à M. le Maréchal de Castries en faveur des gens de couleur de Cayenne, où il étoit alors au conseil. Vous voyez que je ne néglige rien pour notre cause commune, et que je saisis toutes les occasions pour la servir. C'est à M. Brissot à qui je dois la connoissance du commissaire appelé M. Lescalier, le plus parfait honnête homme que je connoisse. A ma première entrevue je lui donnai les raisons les plus fortes pour prouver le droit des gens de couleur au rang de citoyen actif. Il m'interrompit, en me disant que je prêchois un converti, et qu'il l'étoit, depuis qu'il connoissoit les colonies.

Je reviens, pour une dernière fois, au DON PATRIOTIQUE ET AU MOYEN DE L'EFFECTUER. M. MAHON, QUI PASSE A SAINT-DOMINGUE EXPRÈS, et qui, comme je vous l'ai dit, laisse sa famille et abandonne sa maison de commerce pour ce projet, doit être dédommagé (a) amplement de tous les sacrifices qu'il fait, et qui sont beaucoup plus considérables que vous ne pensez. D'après cela, j'ai donc pensé que vous ne pouviez vous dispenser

---

(a) Après une déclaration aussi formelle et aussi souvent répétée dans cette lettre sur le don patriotique, comment MM. Page et Brulley ont-ils pu chercher à persuader que les sommes demandées étoient pour une autre destination ?

prêter leurs décrets du 24 mars 1790 ; qu'ils ont conduit la colonie à l'état malheureux où elle se trouve.

6°. Que l'assemblée coloniale du Cap, a appelé les Anglois dans la Colonie ; qu'elle s'est parée des couleurs de cette nation, et ce à l'époque du refus qu'elle faisoit d'obéir à la loi du 15 mai.

Que les hommes de couleur au contraire, n'ont cessé de manifester leur vœu pour rester inviolablement attachés à la France, de se soumettre avec résignation à tous les décrets nationaux; de ne reconnoître d'autre autorité que celle de l'assemblée nationale, et de se dévouer en entier au salut de la patrie qui les régénéroit ; qu'ils ont donné plusieurs fois des preuves de ce dévouement, notamment après la journée du 22 décembre 1792, après avoir été attaqués et fusillés au Cap, à l'improviste par les blancs ; le lendemain ils ont volé pour combattre les révoltés qui marchoient sur le Cap ; et que les blancs ont refusé d'y marcher.

Finalement, de faire observer que les citoyens de couleur, toujours de bonne foi, se sont empressés plusieurs fois, de venir jurer aux représentans du peuple qu'ils oublioient toute haine et tout ressentiment contre les colons blancs, pour ne s'occuper que du salut de la chose publique ; que tous mes écrits ne leur prêchoient que cette morale ; que les hommes de couleur dans les colonies ont pris, d'eux-mêmes, une infinité d'arrêtés tous tendant à prouver leurs intentions à ce sujet, ce que les colons blancs n'ont jamais fait.

Que les citoyens de couleur, quoique moins riches que les colons blancs, ou-

de lui donner une commission sur la totalité de la contribution dans la propor-
tion suivante : dix pour cent sur les deux
premiers millions ; cinq pour cent sur les
deux seconds, et deux et demi pour cent
sur les deux derniers.

(7) Par mon dernier plan, je vous propose de diviser la contribution en trois parties : un tiers comptant ; sur ce premier tiers, vous payerez la commission
de dix pour cent comptant à M. Mahon,
le second tiers de la contribution payable
six mois après le premier ; et à cette époque, la commission de cinq pour cent
sera payée à M. Mahon. Le troisième
tiers payable un an après le premier ; et
à cette époque, sera payée la commission de deux et demi pour cent à M.
Mahon. Observez que cette commission
sera prélevée sur la totalité de la contribution.

Le seul moyen d'exécuter cette contribution, c'est de faire, dans chaque
quartier, une liste de ceux qui doivent
payer 1500 livres, leur demander deux
obligations de pareilles sommes ; et quand
vous aurez les obligations de chacun, un
d'entre vous se chargera de les déposer
entre les mains du général, *en lui écrivant une lettre dans laquelle vous le prierez
de faire connoître officiellement à l'assemblée
nationale votre acte de patriotisme, qui, sû-
rement sera accueilli, comme il le mérite.* Quant
au tiers comptant, *vous pouvez ou l'envoyer,
ou le remettre au général ; c'est comme vous
l'aviserez ;* mais je vous observe que sur
cette totalité, vous devez trouver la commission de M. Mahon, dequoi ensuite
témoigner votre reconnoissance à vos défenseurs, ainsi que les frais de vos frères.

bliant leurs pertes et leurs malheurs, ont
offert à la nation un don patriotique, qui
se fût effectué depuis long-tems, sans
toutes les entraves qu'y ont apportées les
blancs, en empêchant toute espèce de
communication entre les citoyens de couleur.

Que les hommes de couleur, enfin,
ont formé entr'eux en France, un corps
de troupes pour voler au secours de nos
frontières dans un moment pressé ; que
ceux que leur âge empêchoient de suivre
un si beau mouvement, ont contribué
par des dons patriotiques à la formation
de ce corps qui sert, avec distinction,
dans ce moment dans la Vendée ; que les
colons blancs au contraire n'ont cherché,
sous différents prétextes, qu'à tirer des
sommes immenses de la nation ; sans jamais venir à son secours, ni en hommes,
ni en argent ; ils ont même refusé de faire
le sacrifice de leur orgueil, qui eût sauvé
les colonies.

Vous savez ce que je vous ai dit dans toutes mes lettres.

Cette lettre sera vraisemblablement précédée par une autre de moi que Messieurs les commissaires nommés pour aller rétablir l'ordre dans les colonies, m'ont demandé de vous écrire, avec promesse de vous la faire remettre par la voie du général. *Ce sera une circulaire tendante à vous engager de continuer de vous montrer, ce que vous avez toujours été, amis de l'ordre, de la tranquillité et bons patriotes.*

Je vous embrasse, etc.

P. S. Un nouveau libelle des colons blancs vient de m'être remis, il est signé, l'archevêque Thibaut. Ce second libelle a été fabriqué et calqué sur celui de MM. Page et Brulley. En prouvant, comme je viens de le faire, la mauvaise foi et la perfidie de ces deux derniers, c'est prouver également celle du dernier.

On vient de voir quels moyens ces MM. avoient employés pour m'inculper; EN ALTÉRANT, TRONQUANT, TRANSPOSANT MÉCHAMMENT, des passages d'une de mes lettres; EN AJOUTANT MÊME PLUSIEURS MOTS, quand ils en ont eu besoin pour leur perfide dessein. Telle a toujours été la mauvaise foi des colons blancs, mes adversaires, dans tout ce qui concerne les colonies. J'observe que dans les deux volumineux libelles de ces colons blancs, ils n'ont nullement répondu à tous les faits consignés dans tout ce que j'ai écrit sur l'origine des troubles de Saint-Domingue. La raison est simple, c'est que tout ce que j'ai avancé est prouvé par des pièces originales déposées au comité de marine.

Voyez mon dernier mémoire sur les causes des troubles de Saint-Domingue adressés à ce comité dans les premiers jours du mois de juin dernier; et que les colons y répondent cathégoriquement, ainsi qu'à tous les faits consignés dans tout ce que j'ai écrit.

E R R A T A.

A l'original de ma lettre, *page 5*, *ligne 5*, à mon affaire, *lisez* à notre affaire.

PREMIÈRE LETTRE,

Ecrite dans la partie de l'Ouest.

Paris, le 21 octobre 1791.

Mes chers compatriotes,

Il n'a pas dépendu de nous de faire que le décret du 15 mai, en faveur des citoyens de couleur, fût maintenu ; mais une cabale affreuse, une coalition des colons, avec quelques négocians, des nouvelles fabriquées par eux, qui ont allarmé ceux qui connoissoient peu les colonies, une foule d'imprimés répandus tout-à-coup avec profusion, faits pour égarer les esprits foibles de l'assemblée nationale par toutes les menaces qu'ils contenoient, ont surpris enfin à l'assemblée nationale le décret du 23 septembre dernier, qui annulle le décret du 15 mai, et donne aux assemblées coloniales, composées des colons blancs, le droit de statuer, sous la sanction du roi, sur l'état politique des personnes de couleur, nées de pères et mères libres.

Telle a été, mes chers compatriotes, la marche de nos adversaires ; elle étoit si peu prévue par nous, et leurs mesures ont été si bien concertées, que nous n'avons pu les prévenir ; il eût fallu, pour cela, faire imprimer, avec autant de célérité et de profusion qu'eux, pour répondre à tous leurs écrits, en démontrer les mensonges, et démasquer enfin ces hommes qui, sous prétexte d'une politique qu'ils disent nécessaire, cachent leur orgueil aristocratique, qui ne sauroient voir des hommes comme eux avoir les mêmes droits. Mais, pour suivre cette mesure, il falloit faire de nouveaux frais d'impressions, et ceux que j'avois déjà faits jusqu'à ce moment dans tous les genres, m'avoient mis hors d'état de pouvoir continuer, à moins de m'exposer à compromettre en entier ma fortune, que les dépenses pour cette affaire, qui n'ont roulé que sur moi seul jusqu'à ce jour, ont déjà diminué de plus de cent mille livres. *MM. Perrier et Lamothe, porteurs de vos pouvoirs, pourront vous attester ce fait, d'après les preuves que je leur ai données, que je n'avois été secouru ici de personne, non plus que de l'Amérique, dans les frais considérables où une pareille affaire doit entraîner quelqu'un, qui, comme moi, s'y est livré tout entier.*

A.

Je ne dois pas vous cacher et vous taire ce que j'ai déjà écrit plusieurs fois à nos frères de la partie du Sud, et que j'avois chargé de vous communiquer ; que votre négligence à effectuer le don patriotique qu'ils m'avoient autorisé de faire en leur nom, a beaucoup nui à notre cause ; car je ne fais aucun doute que, si ce don de six millions des colonies eût été effectué avant, ou immédiatement après le décret du 15 mai, jamais il n'eût été révoqué, parce que l'assemblée nationale eût vu une classe d'hommes bien intéressante et digne de la plus grande protection, dans des hommes qui eussent fait un don aussi considérable à la nation, et sur-tout lorsque la classe des blancs qui cherchoient à les avilir, n'offroit, et ne donnoit rien.

Au contraire, cette offre n'étant point effectuée, les colons blancs l'ont tournée en ridicule, et nous ont représentés comme une horde de vagabonds, presque sans possessions, et n'étant tout au plus qu'au nombre de 5 à 6,000 dans toutes les colonies. Toutes ces inculpations fausses sans doute, n'ont que trop fait d'effet envers ceux qui ne connoissent pas les colonies ; et nous avons été sacrifiés à l'opulence que les colons blancs affichoient, à leurs grandes possessions, et à leur nombre supposé immense dans les colonies.

Malgré tout cela, mes chers compatriotes, rien n'est encore désespéré, si vous vous montrez bons français et bons patriotes ; et ce ne sera pas en faisant des insurrections, que vous parviendrez à le prouver ; car, dans un pays comme celui que vous habitez, elles ne peuvent, comme vous le sentez bien, que le mener à sa ruine totale ; vous devez donc vous en tenir à solliciter ici auprès de l'assemblée nationale, en obéissant d'avance à tous ses décrets ; donnez cet exemple aux colons blancs ; mais adressez toujours vos pétitions au corps législatif, la loi vous en accorde le droit ; ce n'est qu'en suivant cette marche, que vous parviendrez à être réintégrés dans vos droits. Vous exposerez toutes les brigues qu'on a employées, pour faire retirer le décret du 15 mai ; vous prouverez ensuite, d'une manière évidente, que vous possédez, comme il est vrai, le tiers au moins des terres dans les colonies, et le quart des esclaves ; ensuite, que notre classe forme au moins la moitié de la population libre des colonies, et que cette classe est d'une utilité indispensable au maintien des esclaves ; que ses consommations sont une des principales ressources du commerce de France ; enfin, tout ce qui pourra faire sentir aux représentans de la nation, combien il est intéressant et politique même de vous faire jouir des droits, dont un citoyen propriétaire sur-tout doit jouir.

Pour cela, comme je vous l'ai mandé plusieurs fois, il vous faut ici des représentans qui puissent sans cesse agir, et saisir les occasions favorables ; il faut qu'ils soient munis de pouvoirs de chacune des paroisses de la colonie, pareils au moins à ceux dont vous avez chargés MM. Perrier et Lamothe. Ce n'est pas tout encore, il faut que vos représentans puissent avoir des fonds suffisans , pour subvenir aux dépenses qu'il y aura à faire dans leurs missions , et qu'ils puissent se montrer d'une manière à faire connoître que leurs commettans ne sont pas sans possessions et sans moyens ; car autrement les discours et les écrits des colons blancs prévaudront toujours, et l'on croira véritablement notre classe peu considérable, peu intéressante, et elle sera sans cesse sacrifiée à celle des blancs.

Depuis plus d'un an je n'ai discontinué de vous écrire , pour vous avertir qu'il falloit envoyer des députés et de l'argent, pour suivre notre cause auprès de la nouvelle législature. Je vous ai mandé également que mes moyens étoient épuisés par sept ans de dépenses faites pour solliciter et défendre notre cause ; vous saurez que depuis le commencement de 1785 , j'ai commencé de réclamer auprès du ministre de la marine, *a*) et ensuite à l'assemblée nationale ; que pour cela j'ai fait deux voyages exprès à Paris, très coûteux par les dépenses où ils m'ont entraîné; qu'indépendamment de ces frais, j'ai payé pour près de quinze mille livres tournois de frais d'impression ; que j'ai été obligé et que je le suis encore, de donner souvent à manger à toutes les personnes qui peuvent être utiles à la cause, ou qui la défendent, *afin de pouvoir les rassembler, leur communiquer et arrêter ce qu'il falloit faire.* Que pendant toute la durée de la première législature, j'étois obligé de prendre trois ou quatre fois par semaine des fiacres, pour aller voir tous les députés qui parloient pour nous, et que cela me coûtoit chaque fois six et huit francs, enfin une infinité d'autres dépenses où l'on est entraîné quand on est forcé d'être répandu ; ajoutez à cela la vente forcée de mon habitation, obligé de la donner au-dessous de sa valeur (*b*), sur laquelle on m'arrache encore trente mille livres tournois, par les fraudes des experts blancs, (lors de la mise en possession à l'Amérique) qui tous desiroient, comme vous le pensez, me voir ruiné, puisqu'ils ne pouvoient me perdre. Ils ont agi dans cette occasion avec d'autant plus de sûreté, que pas un de mes frères n'a osé se présenter dans ces circonstances difficiles, comme je leur en avois donné le pouvoir. Voilà à-peu-près l'état des choses qui me concernent; vous êtes trop justes, mes chers compatriotes , pour exiger que je fasse à mes frais , la dépense coûteuse d'une affaire commune, et que je continue de courir à ma ruine entière.

Si les blancs ont réussi à ce qu'ils vouloient , et sur-tout à faire révoquer le décret du 15 mai , c'est qu'ils ont toujours été en mouvement,

(*a*) M. Pinchina Ravine a été témoin de mes démarches , de ma correspondance avec le ministre , et de mon séjour à Versailles pour cet objet.

(*b*) J'expliquerai dans ma correspondance pourquoi j'ai été forcé de la vendre, et quels moyens les colons blancs avoient pris pour la faire piller et dévaster.

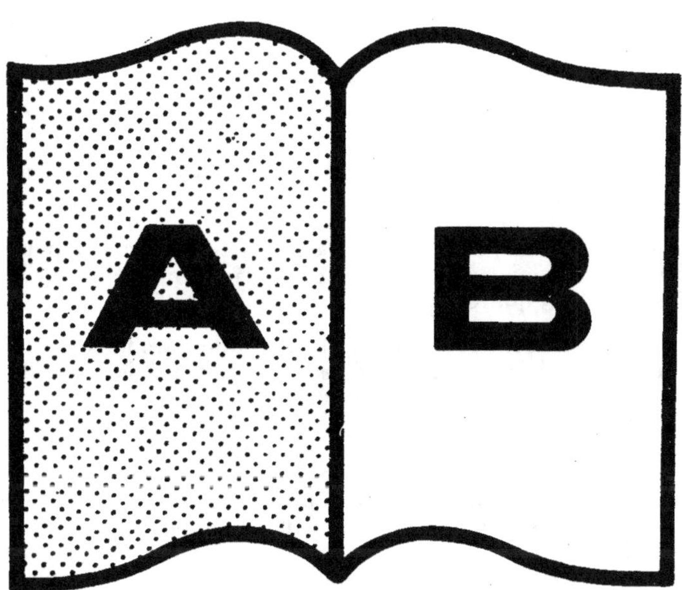

Contraste insuffisant

NF Z 43-120-14

et que ceux qui sont à Saint-Domingue leur fournissoient les fonds nécessaires, pour entreprendre tout ce qui devoit les conduire à leur but.

Voulez-vous détruire tout ce qu'ils ont obtenu ; ayez ici trois représentans, dans le nombre desquels il faut mettre le célèbre Brissot, écrivain sublime, infatigable, et qui a pris à cœur notre cause, comme la sienne propre. Joignez-lui deux personnes de notre classe, dont la fortune puisse les soutenir ici, et que vous n'ayez plus qu'à fournir aux dépenses extraordinaires ; il est aussi nécessaire qu'ils ayent quelques talens, et un certain acquit, afin d'écrire et parler dans l'occasion ; avec tout cela, et la bonté de votre cause, vous réussirez, n'en doutez pas, car vous avez ici beaucoup de partisans.

Messieurs Perrier et Lamothe m'ont dit que votre intention étoit bien de fournir des fonds, mais que vous ne saviez à qui les adresser, et que si je tirois sur quelques-uns de vous, vous feriez honneur à mes traites, en vous cotisant. Je prends donc ce parti ; et je tire sur messieurs Couilleau, au Mont-Roui ; Rivière, à Saint-Marc ; Montas, au Mirebalais ; Leroux, au Boucasin ; qu'ils m'ont indiqués ; pour trente mille livres tournois, afin d'avoir des fonds pour revenir sur le décret du 23 septembre, qui révoque celui du 15 mai.

La législature dernière n'a pas eu le temps de faire la constitution des colonies ; elle a laissé, par un décret, ce soin là à la présente ; ainsi vous voyez combien il est essentiel de nous tenir prêts. Le seul décret du 23 septembre, concernant les colonies, a été fait par l'ancienne législature, et celle-ci est chargée de faire une constitution et des loix permanentes pour ces mêmes colonies ; elle pourra donc changer le décret du 23 septembre, et réintégrer celui du 15 mai. C'est l'avis d'une grande partie de l'assemblée actuelle ; mais dans la supposition où cela manqueroit, la seconde législature, après celle-ci, aura le droit de reviser la constitution entière ; et il en sera de même à chaque troisième législature, jusqu'à ce que la constitution soit dégagée de tous ses vices, et c'en est un bien grand, que deux classes de citoyens propriétaires, contribuant également, supportant les mêmes charges, ne jouissent pas des mêmes droits.

Ce que vous venez de lire, servira à vous convaincre de la nécessité d'avoir toujours ici des représentans ; ne vous effrayez pas de ce qu'il pourra vous en coûter pour fournir au don patriotique et à l'entretien de vos représentans, car ce sera peu de chose pour chacun, comme vous le verrez ci-après. Mais d'ailleurs, quel est celui qui ne préférât sacrifier une partie de sa fortune, pour jouir tranquillement et avec satisfaction du reste ? Remarquez ce qu'il vous en a coûté de peines, de mortifications, d'argent même par la dévastation de plusieurs de vos possessions ; considérez de plus que dans l'état où sont les hommes de couleur dans les colonies, ils ne sont assurés ni de leur vie, ni de leurs biens. Je n'ai pas besoin de vous retracer ici tous vos malheurs, vous ne les sentez que trop sans doute, pour ne pas chercher le moyen de les faire finir : *et vous en aurez les moyens dans les représentans que vous aurez ici, et qui seront toujours prêts à présenter au corps législatif toutes les pétitions que vous leur adresserez, et ils réprimeront et redresseront les injustices qu'on pourroit vous faire éprouver. En un mot, ils seront des avocats que vous aurez toujours auprès du premier tribunal de la nation, ou auprès de la nation même.*

J'avois, dans mes précédentes lettres fait un tableau et un état APPROXIMATIF des sommes que chacun eût été obligé de fournir, et je les avois graduées sur la fortune de chacun, comme vous allez voir. Je supposois quinze mille personnes de couleur en état de fournir à cette souscription.

3000 ayant, depuis 50 nègres, et plus, auroient donné pour le don patriotique 1500 liv., argent de l'Amérique, dont ⅓ comptant, ⅓ six mois après, et ⅓ restant, six mois après ce dernier. Assurément ce n'est pas bien chargeant pour chacun ; cette première classe auroit donc fourni, à 1500 liv. par tête, ci . . . . 4,500,000 l.

3000 personnes, ayant depuis 15 nègres, jusqu'à 45, auroient fourni 600 liv. aux mêmes conditions, et cela donneroit, ci 1,800,000

3000 personnes, ayant depuis 5 nègres, jusqu'à 14, auroient donné 200 liv., ce qui fait, ci 600,000

3000 personnes, depuis 1 nègre, jusqu'à 4, auroient donné 100 liv., ce qui fait, ci 300,000

3000 ouvriers, et garçons et filles, de tous états, auroient donné chacun 66 liv., ce qui feroit, ci 198,000

TOTAL 7,398,000 l.

Le surplus des six millions, auroit servi à payer les commissions de celui qui les auroit recouverts, ou fait les frais pour les recevoir, pour des présens à faire à tous ceux qui ont défendu notre cause, et qui écriront encore pour la défendre ; car malgré que messieurs Brissot, Grégoire, Pétion, Claviere, Robespierre, Lucas ET AUTRES, *n'ayent jamais fait pressentir qu'ils vouloient être payés,* IL EST DE NOTRE HONNEUR ET DE NOTRE RECONNOISSANCE DE LEUR OFFRIR DES CADEAUX DIGNES D'EUX ET QUI NE SOIENT PAS EN ARGENT ; CAR ILS N'EN RECEVROIENT PAS (a).

(a) On voit par mes deux lettres que j'ai parlé des personnes qui avoient défendu notre cause aux époques où ils l'ont fait. De Joly, l'ex-ministre, fut le premier ; il se présenta avec nous à la barre de la Convention en novembre 1789. Et ce fut à cette époque que nous fimes l'offre de six millions en don patriotique ; cela est consigné dans la pétition qu'il lut. Le second défenseur fut le citoyen Grégoire. Et

Présentement, sur la répartition que nous venons d'établir, vous pourriez faire celle qu'il faudra pour l'entretien et les frais de vos représentans. Par exemple, la première classe fourniroit pour cet objet une gourde par tête, et cela donneroit environ, ci, argent des colonies. . . . . 30,000 l.

La seconde, 6 l. par tête. 18,000

La troisième, 3 l. par tête. 9,000

La quatrième, 1 l. 10 s. par tête. 4,500

La cinquième, 1 l. 10 s. par tête. 4,500

TOTAL, 65,000 l.

Ce qui donneroit, argent de France, à-peu-près quarante-trois mille liv. Ce seroit, comme vous voyez, peu de chose pour chacun par an, et cela suffiroit pour les frais de vos représentans, sur-tout s'ils avoient quelque chose de leur côté ; ils auroient aussi un secrétaire, occupé sans cesse aux dépêches que nous vous ferions passer régulièrement dans tous les quartiers, pour vous faire connoître l'état des choses ici, ce qui seroit bien essentiel.

Ne négligez donc plus, mes chers compatriotes, les moyens que je vous indique ; ce sont les seuls, croyez-moi, qui puissent vous réussir, et vous pouvez facilement les exécuter, en chargeant dans chaque paroisse, quelqu'un de recevoir la contribution, la faire charger et adresser au premier négociant, soit de Bordeaux, de Nantes, du Havre, avec une lettre d'avis qui instruise celui à qui seront adressés les fonds, et à celui à qui le négociant devra en remettre le montant.

ce ne fut, comme je le dis dans ma première lettre, qu'après que de Joly eut abandonné notre cause, que Clavière, Pétion et Brissot écrivirent sur cette cause. Dans ma seconde je parle des citoyens Robespierre, Lucas ET AUTRES. C'est qu'en effet personne ne parla avec plus de force que Robespierre en faveur des principes, dans les discussions qui eurent lieu à la Convention lors de la révocation du décret du 15 mai. Les colons étoient si furieux contre lui alors, que plus d'une fois ils l'arrachèrent avec violence de la tribune, lorsqu'il prouvoit qu'on renversoit les principes en retirant les droits des citoyens de couleur.

Dans une lettre postérieure à celle-ci, je parle du citoyen Milcent qui travailla beaucoup en faveur de cette cause ; il donna un excellent ouvrage sous le titre de : *Pétition de Mina.* Si ce citoyen a gardé long-tems l'anonyme, et si je n'ai pas parlé plutôt de lui, c'est qu'il craignoit que ses possessions ne fussent ravagées par les blancs. J'ai parlé aussi dans mes premières lettres du citoyen Cournand, Bonnemain, Prudhomme, comme ayant écrit pour la cause des hommes de couleur. C'est à tous ces hommes à qui je voulois qu'ils témoignassent leur reconnoissance *de la manière dont je l'indique dans la présente.* Je le voulois, parce que je ne pensois pas qu'on pût un jour m'imputer à crime le sentiment que je recommandois, sur-tout, pour des hommes qui alors jouissoient de l'estime publique.

Nous avons le projet d'envoyer quelqu'un de sûr dans les colonies ; pour tenir une maison de commerce, à qui nous puissions tout adresser d'ici, et vous lui remettrez tout ce que vous aurez à nous faire passer. Ce seroit bien avantageux pour tous, et cela donneroit une grande activité à notre correspondance ; mais il faudroit que tous nos frères ne fissent des affaires qu'avec cette maison pour la soutenir et l'intéresser à nous servir. Il y en auroit une dans chaque partie de la colonie. Je ferai donc une tentative ; et je vous préviens d'avance que je vous adresserai quelqu'un, à qui je vous prie de donner tous les secours, et qui sera porteur de plus amples instructions à cet égard (a).

On vient de chercher encore dans ce moment, à jetter l'assemblée dans des terreurs, en annonçant des nouvelles dont on reconnoît la fausseté au simple examen ; on répand ici que 50 mille esclaves révoltés, fortifiés et armés, auprès du Cap, ravagent et dévastent la colonie ; nous avons prouvé à l'assemblée nationale, par l'organe de nos défenseurs, que c'étoit un piège qu'on lui tendoit, pour avoir occasion de faire passer des troupes pour faire trembler les hommes de couleur (b). *Nous avons dit qu'eux seuls, s'ils étoient armés, contiendroient les esclaves,* et nous avons cité la Martinique où tout étoit tranquille, parce que les hommes de couleur y ont été toujours armés, et soutenus par les planteurs blancs, et qu'ils jouissent des avantages du décret du 15. C'est un fait dont nous sommes assurés, et qui doit nous faire tout espérer. En répandant la fausse nouvelle que je viens de vous dire, les colons vouloient faire entendre que les esclaves s'étoient révoltés à cause du décret du 15 mai, parce qu'ils voyoient que les hommes de couleur alloient jouir des droits de citoyens, ce qui leur faisoit tenter de vouloir les avoir eux-mêmes ; nous avons détruit tout cela.

Nous allons, avant quinze jours, présenter à l'assemblée nationale nos réclamations, et nous nous présenterons, avec MM. Perrier et Lamothe, au comité des colonies, à qui nous communiquerons les pouvoirs que vous leur avez donnés. Nos premières demandes seront que nous puissions nous assembler dans les colonies, aller et venir,

(a) Comme il étoit de toute impossibilité à mes frères de pouvoir s'assembler, ni correspondre avec moi sans courir risque de leur vie, comme on le verra par leurs lettres insérées dans ma correspondance.

J'avois conçu ce projet et je leur en faisois part. Mais il n'eut aucune suite, parce que les choses changèrent et qu'ils parvinrent à pouvoir se rassembler par la suite.

(b) A l'époque où cette nouvelle se répandit ici à la fin de septembre 1792, il étoit impossible qu'on sût ce qui s'étoit passé à Saint-Domingue dans les premiers jours du même mois ; mais ceux qui d'ici étant avoient donné le conseil de faire révolter les noirs esclaves, pouvoient la prédire, afin de faire retirer le décret du 15 mai.

et sortir même de la colonie, comme nous voudrons , et sur-tout le *droit* d'y pétitionner. Croyez que nous ne négligerons rien pour réussir. *Mais de votre côté, ne négligez pas de faire passe des fonds , et de vous montrer dignes de vos réclamations , en continuant d'être toujours ce que vous avez été, bons citoyens , bons patriotes , et attachés véritablement à la patrie et à la constitution.*

Nous vous embrassons bien fraternellement, mes chers compatriotes, et nous sommes avec un sincère attachement , vos amis et frères ,

RAIMOND.

PERRIER aîné. LAMOTTE-AIGRON.

Paris , rue Meslée , n°. 33. Le 19 octobre 1791.

www.ingramcontent.com/pod-product-compliance
Lightning Source LLC
LaVergne TN
LVHW051126060726
842526LV00006B/1928